Elisabeth Stiemert wurde in Prenzlau in der Mark Brandenburg geboren und lebt seit 1961 in der Bundesrepublik. Heute unterrichtet sie als Lehrerin einer Grundschule in Lemgo. Sie ist Mutter zweier erwachsener Kinder. Seit 1974 veröffentlicht Elisabeth Stiemert Kinderbuchtexte für Kindergarten- und Grundschulkinder. Ihre Geschichten wurden in Lesebücher und in Kindersendungen des Fernsehens aufgenommen.
Einige Titel der Autorin: ›Warum der Fuchs auf Socken ging‹, ›Malle und Bille, die Zungenrausstrecker‹, ›Ange führt! Ange führt!‹ und ›Vorhang auf!‹, dtv junior, Band 7399.

Wilfried Blecher wurde vor allem bekannt durch seine vergnüglichen Bilder zu ›Kunterbunter Schabernack‹, dtv junior 7105, für die er 1970 den Deutschen Bilderbuchpreis erhielt; er malte auch die Bilder zu dem Schreibschriftband ›Der Hase, der Hahn und die Kuh im Kahn‹, dtv junior 7502, der schnell die Kinderherzen eroberte, und die Bilder zu Elisabeth Stiemerts neuem Buch ›Vorhang auf!‹, dtv junior, Band 7399.
Wilfried Blecher lebt in München.

Elisabeth Stiemert

Die Sammelsuse

Lese- und Vorlesegeschichten
mit Bildern von Wilfried Blecher

Deutscher Taschenbuch Verlag

Von Elisabeth Stiemert ist außerdem
bei dtv junior erschienen:
Vorhang auf!, Band 7399

Ausgewählte Geschichten, neu illustriert
1. Auflage Oktober 1978
2. Auflage August 1980: 16. bis 25. Tausend
Deutscher Taschenbuch Verlag GmbH & Co. KG, München

ISBN 3-7979-2507-7
Umschlaggestaltung: Celestino Piatti
Umschlagbild: Wilfried Blecher
Schrift: Eva D. Heller
Druck und Bindung: Kösel, Kempten
Printed in Germany · ISBN 3-423-07505-8

Die Sammelsuse

Die Suse sammelte alles.
Sie sammelte leere Kartons,
und in diese Kartons legte sie
die gesammelten Sachen hinein.

Sie sammelte Schachteln und
Tüten, leere Zahnpastatuben,
Tablettenröhrchen und Silberpapier.
Sie sammelte vertrocknete Blumen,
Lutscherstiele und Vogelfedern.
Sie sammelte Steine, Grashalme
und Kirschkerne.
Sie sammelte Birkenbaumblätter,
Lindenbaumblätter, Tannenzapfen
und Flaschenverschlüsse.
Der Vater sagte zu Suse:
„Hör auf." Aber Suse sammelte
weiter.
Sie baute Sammelkartontürme,
und die reichten fast bis an
die Decke.

Suse konnte bald nicht mehr spielen im Zimmer, sie konnte nicht mehr gehen im Zimmer, überall standen Kartons. Wenn Suse ins Bett gehen wollte, mußte sie mit der Leiter über Kartontürme klettern. Und sie baute die Türme höher und höher.

Einmal, als sie wieder über die Kartons hinweg in ihr Bett wollte, stürzten die ganz hohen Türme zusammen. Suse fiel in ihr Bett und mit ihr 27 Kartons. Der Vater und die Mutter kamen schnell in das Zimmer.

Von ihrer Suse war gar nichts zu sehen.
Sie warfen ganz schnell alle Kartons aus dem Fenster.
Dann fanden sie Suse. Die war noch ein bißchen erschrocken, aber sonst ging es ihr gut.
Danach hat Suse ein bißchen weniger gesammelt.

Von dem Jungen, vor dem alle Angst hatten

In der Dreierlei-Straße wohnte ein Junge, vor dem alle Angst hatten. Der Junge wohnte hier noch nicht lange. Er war größer als die anderen Kinder, und er saß auf der Treppe vor seinem Haus einfach so da. Jeden Tag saß der Junge da auf der Treppe, und er machte meistens ein böses Gesicht. Sonst machte er nichts.
Manchmal spuckte er allerdings, aber nur auf die Straße.

Manchmal pfiff er auch laut. Er steckte zwei Finger in seinen Mund und pfiff dann wirklich ganz laut.
Manchmal boxte er auch in die Luft. Mit zwei Fäusten boxte er vor sich hin, als ob jemand da wäre, den er so boxte. Aber er saß immer auf der Treppe dabei.
Trotzdem hatten die anderen Angst.
Wenn die Kinder aus der Dreierlei-Straße einkaufen mußten, gingen sie nicht an dem Jungen vorbei. Sie gingen

hinüber auf die andere Seite der Straße. Und wenn der Junge zu ihnen hinsah, liefen sie schneller. Manche glaubten, der Junge hätte ein Messer.
Manche glaubten auch, er nähme ihnen das Geld, das sie zum Einkaufen brauchten, und

Spielsachen machte er sicher kaputt.
Ein Junge, der immer so böse guckte, machte sicherlich alles kaputt. Und bestimmt haute er kleinere Kinder.
Einmal kam ein Kind zu Besuch in die Dreierlei-Straße,

und nach dem Kaffeetrinken kam das Kind heraus. Es hatte seinen Ball mitgebracht und wollte sehr gerne spielen.
Das Kind ging mit dem Ball zu dem Jungen. Es wußte ja nicht, daß die anderen vor ihm Angst hatten.
„Wollen wir spielen?" fragte das Kind diesen Jungen. Der Junge guckte erstaunt. Dann stand er auf von der Treppe und lachte.
„Los", sagte der Junge, „wir spielen Torschießen!"
Die anderen Kinder aus der

Dreierlei-Straße sahen sich an, wie der Junge mit dem fremden Kind spielte. Sie standen weit weg. Aber sie sahen, daß der Junge auch lachte.
„Vielleicht hat der Junge kein Messer", dachten sie jetzt.
„Vielleicht nimmt er kein Geld weg."
„Vielleicht macht er auch gar nichts kaputt, und sicherlich haut der Junge auch keinen."
Morgen wollten sie ihn fragen, ob er Lust hatte, mit ihnen zu spielen.

Wie die Igelmutter mit ihren Kindern über die Landstraße kam

Einmal im Sommer wollte eine Igelmutter mit ihren vier Igelkindern über eine Landstraße laufen. Auf dieser Landstraße fuhren viele Autos schnell hin

und her. Die Menschen in den Autos wollten nach Hause zum Abendbrot, sie wollten ganz schnell ins Kino, und sie wollten einen Onkel besuchen.

In einem Auto, das auf der Landstraße fuhr, saß Peter

mit seinem Vater. Die beiden wollten zum Bahnhof und eine Tante abholen.
Peter sah, daß die Igelmutter mit ihren Kindern über die Landstraße wollte. Er sagte es seinem Vater, und der konnte sein Auto gerade noch anhalten.
Der Vater stieg aus dem Auto, und Peter stieg auch aus. Sie wollten die Igel ganz genau sehen.
Die Igelkinder liefen noch langsam.
Und es kamen schon wieder ganz schnelle Autos! Damit

sie die Igel nicht totfuhren, hielt der Vater sie an. Er stellte sich auf die Landstraße und machte beide Arme ganz breit. So wie die Polizisten das machen, und das heißt: Halt!

Die anderen Autofahrer hielten auch an. Manche schimpften zuerst, aber als sie die Igel auf der Landstraße sahen, da freuten sie sich.

Inzwischen hatten zehn Autos gehalten. Peter lief zu ihnen hin und sagte den Fahrern, daß die Igel erst über die Landstraße müßten. Da vergaßen

die Fahrer, daß sie eigentlich schnell weiter wollten. Sie stiegen aus und sahen sich an, wie die Igel da liefen.
So kam es, daß an diesem Tag manche Leute zu spät zum Abendbrot kamen, zu spät ins Kino gingen und zu spät bei dem Onkel waren.
Der Vater und Peter kamen zu spät zum Bahnhof. Die Tante wartete schon. Aber das machte ja nichts. Die Igelmutter war mit ihren vier Igelkindern gut über die Landstraße gekommen.

Till rettet das Haus vor dem Wasser

Der Vater und die Mutter waren ins Kino gegangen. Till blieb allein. Er sollte sich waschen und dann bald ins Bett gehen. Till war schon fünf.
Mit dem Waschen ging es ganz schnell.
Aber Till hatte noch keine Lust, gleich zu schlafen. Er spielte so gerne im Bad. Er plitschte und platschte, er ließ die Seife durch die Hand

flappen und drehte am Wasser-
hahn. Einmal drehte er auf
-einmal zu, einmal auf - einmal
zu. Und als er den Wasserhahn
noch einmal weit aufgedreht
hatte, ging er nicht wieder zu.
Till konnte ihn jetzt nicht mehr
drehen. Und das Wasser lief
in das Becken, es lief, und es
lief. Vorher war das Becken
halbvoll. Jetzt floß das
Wasser bald über.
„Du liebe Zeit", dachte sich Till,
„jetzt kommt die Sturmflut."
Als sein ganz großer Schreck
vorbei war, hatte er eine Idee.

Er nahm seinen Zahnbecher,
und in dem Zahnbecher fing
er den Wasserstrahl auf.
Dann nahm er Vaters Zahn-
becher und fing den Wasser-

strahl auf, und dann nahm er Mutters Zahnbecher und fing den Wasserstrahl auf. Danach lief er schnell in die Küche. Er holte alle Schüsseln,

die Mutter dort hatte. Große Schüsseln, kleine Schüsseln, dicke Schüsseln und dünne Schüsseln.

In alle Schüsseln ließ er das Wasser hineinlaufen. Dann stellte er sie ins Bad auf die Fußbodenkacheln.

Aber Till konnte den Wasserhahn noch immer nicht zudrehen. Das Wasser lief immer weiter. Es lief, und es lief. Till fing den Wasserstrahl in Mutters Kochtöpfen auf, in roten Kochtöpfen und schwarzen Kochtöpfen, in blauen Milchtöpfen

und weißen Milchtöpfen und in leeren Gläsern.
Gerade als Till auch die Kaffeetassen geholt hatte, kamen die Eltern. Die waren erschrocken. Man sah es an ihren Gesichtern. Aber Till sagte zu ihnen: „Ich habe das Haus vor dem Wasser gerettet."
Der Vater sagte gar nichts zu Till. Er suchte für seine Füße Platz zwischen den Gläsern und Schüsseln und Kannen und drehte mit ganz festem Ruck den Wasserhahn zu.
Dann suchte die Mutter auch

Platz für ihre Füße zwischen Gläsern, Schüsseln und Kannen und zog an der Kette den Stöpsel aus dem Waschbecken hoch, den Stöpsel aus Gummi, damit das Wasser ablaufen konnte. An den hatte Till gar nicht gedacht, an den Stöpsel, den man rausziehen konnte.

Von dem Schwan, den Karpfen und den Enten

In einem Park war ein Teich. Auf dem Teich schwamm ein Schwanenvater mit einer Schwanenmutter und drei Schwanenkindern. Dann schwamm noch eine Entenmutter auf dem Teich in dem Park, die hatte elf kleine Entchen. Die Schwanenkinder blieben immer dicht bei der Mutter, und die Entenkinder blieben auch dicht bei der Mutter. Einmal gingen Kinder spazieren

im Park. Die Kinder freuten sich über die Schwäne und Enten. Sie blieben stehen und warfen ihnen Brotstückchen ins Wasser.
Die Schwäne hatten Hunger, und die Enten hatten auch Hunger. Aber der große Schwan jagte die kleinen Enten weg, wenn sie auch fressen wollten. Er machte den langen Hals noch länger, er zischte böse und schlug mit den Flügeln.
Die Entchen hatten Angst vor dem Schwan. Sie schrien „schiep, schiep" und schwammen schnell weg.

Die Brotstückchen fraßen die Schwäne.
Aber die Kinder wollten, daß die Enten auch Brot fressen sollten. Sie schimpften mit dem Schwan. Der jagte die Enten aber doch wieder fort.

Bis die Karpfen gemerkt hatten, daß es Brot gab. Karpfen schwammen auch in dem Teich. Aber die hatten keine Angst vor dem Schwan. Sie schwammen tief unten im Wasser. Nur wenn sie ein Brotstückchen

schnappten, kamen sie hoch und machten ihr Karpfenmaul auf. Der Schwan ärgerte sich über die Karpfen, und immer, wenn sie ein Brotstückchen weggeschnappt hatten, wurde er böse. Er zischte und steckte blitzschnell den Hals in das Wasser, um die Karpfen zu beißen. Doch die waren – flupp, flupp – schon wieder verschwunden. So tief hinunter reichte der Schwanenhals nicht.

Die Enten freuten sich jetzt. Wenn der Schwan versuchte, die Karpfen zu beißen, holten die Enten schnell Brotstückchen, und wenn der Schwan versuchte, die Enten zu beißen, schnappten die Karpfen sich Brotstückchen.

Die Kinder warfen so lange Brot in das Wasser, bis alle genug hatten.

Die Schwäne waren bald satt, die Enten waren bald satt, und die Karpfen mit dem runden Karpfenmaul waren dann auch satt.

Das Eineck

Einmal bemalten Kinder die Straße mit Kreide.
Die Fußgänger schimpften ein bißchen, aber dann gingen sie weiter.
Ein Junge malte ein Dreieck.
Das sah so aus △, und die Kinder fanden das Dreieck sehr schön.
Ein anderer Junge hat dann dieses Viereck □ gemalt.
Da wollte das große Schulmädchen zeigen, wie ein Fünfeck aussieht. Es nahm die

Kreide und malte es so .
Dann erzählte es noch, daß
es ein Sechseck gibt und ein
Achteck und Figuren, die noch
mehr Ecken haben als acht.
„Aber ein Eineck", sagte Johannes,
„ein Eineck gibt es doch nicht."
„Nein", sagte das Schulmädchen.
Nur Verena, die sagte: „Ja."
Alle sahen Verena jetzt an.
Verena sagte: „Ich kann eins."
Verena war vier.
Sie nahm die Kreide und
hockte sich hin.
Die anderen Kinder hockten
sich auch hin.

Sie waren gespannt.
Verena malte das Eineck dann so .
Als es fertig war, lachten die anderen Kinder.
Sie lachten und wollten nicht wieder aufhören. Dann liefen sie weg.
Verena war traurig, weil ihr Eineck so ausgelacht worden war, und das Eineck sah auch traurig aus.
„Du sollst froh sein", sagte Verena zu ihm, und sie malte dem Eineck einen ganz frohen Mund .

„Du sollst lustig sein", sagte Verena, und sie malte dem Eineck ein lustiges Auge .
„Du sollst hübsch sein", sagte Verena, und sie malte dem Eineck sehr hübsches Haar .
Jetzt war das Eineck gar nicht mehr traurig.

Die Fußgänger traten auf das Dreieck, sie traten auf das Viereck, und sie traten auf das Fünfeck, das die Kinder gemalt hatten. Aber auf das Eineck trat keiner. Das Eineck sahen sie an. Sie freuten sich und gingen dann weiter.

Warum die Katze kratzte

Bei einem Vater ging einmal das Auto kaputt. Er konnte nicht losfahren, als er losfahren wollte. Der Vater war ärgerlich über das Auto, aber er schimpfte danach mit der Mutter.
Er sagte: „Dein Mittagessen hat heute ganz scheußlich geschmeckt." Die Mutter war ärgerlich über den Vater, denn das Mittagessen hatte sie so gut wie immer gekocht, aber sie schimpfte nicht mit dem Vater. Sie schimpfte mit Jochen.

Sie sagte zu Jochen, er hätte draußen die Schuhe nicht gut genug abgeputzt. Jochen war ärgerlich, weil die Mutter das sagte. Er hatte die Schuhe wirklich ganz sauber gemacht, aber er schimpfte nicht mit der Mutter. Er schimpfte mit seiner Schwester. Jochen sagte, sie hätte seinen Bleistift genommen, denn der lag nicht auf dem Schreibtisch. Die Schwester hatte den Bleistift nicht weggenommen, und sie war wütend auf ihren Bruder, weil der das einfach so sagte.

Aber die Schwester schimpfte
nicht mit dem Bruder.
Die Schwester jagte den Hund
aus der Stube und schimpfte:
„Geh raus aus der Stube! Hier
hast du gar nichts zu suchen!
Geh auf den Hof!"
Der Hund war verwundert. Er
durfte sonst immer da sein.
Er lief auf den Hof. Aber er
hatte ganz schlechte Laune.
Darum biß er die Katze.
Die Katze war sehr erschrocken.
Sonst war der Hund immer
freundlich zu ihr. Sie war so er-
schrocken, daß sie vergaß, ihn zu

kratzen, aber sie kratzte den Vater. Der Vater ging über den Hof zu seinem Auto. Er ging an der Katze vorbei und wollte sie streicheln. Als sie ihn gekratzt hatte, schimpfte der Vater: „Ich habe dir gar nichts getan, warum kratzt du denn, Katze?"

Der Unsinnsonntag

An einem Sonntagmorgen hatten ein Junge und ein Mädchen ganz große Lust, Unsinn zu machen. Sie fingen damit an, als sie noch im Bett lagen. Mit ihren Bettkissen bauten sie sich ein Haus. Ein Hundehaus sollte das sein, und sie spielten dann Hund.
Als die Mutter ins Zimmer kam und zu ihnen sagte: „Guten Morgen, ihr beiden", da antworteten sie so wie Hunde. Sie bellten „wau, wau."

Sie krochen über den Flur in das Bad, und in dem Badezimmer, da bellten sie auch. Sie bellten so lange, bis der Vater ganz laut an die Tür klopfte. Er sagte: „Der Kaffeetisch ist gedeckt!"

Da jaulten die Hunde im Bad. Sie jaulten vor Freude, weil sie wußten, daß es heute am Sonntag schon morgens Kirschtorte gab. Aber als die beiden ins Zimmer kamen, war der Tisch nur für den Vater und für die Mutter gedeckt. Für den Jungen und das Mädchen standen zwei

Hundeteller neben dem Tisch auf der Erde. Darauf lag keine Kirschtorte, nein! Auf dem einen Teller lag ein Knochen und auf dem anderen eine Wurstpelle, ein Frühstück, wie Hunde es mögen. Aber die Kinder wollten jetzt Kirschtorte! Jetzt wollten sie keine Hunde mehr sein, und sie sagten das auch.

Da lachten der Vater und die Mutter, und als die Kinder Kirschtorte bekamen, lachten sie auch.
Nach dem Essen machten die Kinder dann anderen Unsinn.
Der Vater machte auch mit, und am Abend sagte die Mutter: „Das war ja heute ein richtiger Unsinnsonntag!"

Von dem Jungen, der das Fahrrad nicht anhalten konnte

Wie gut, daß die Geschichte mit dem Fahrrad im Garten passierte.
Christian hatte Mutters Fahrrad genommen.
Er wollte radfahren lernen.
Auf dem Weg, der um das ganz große Blumenbeet führte, versuchte er es. Zuerst rollerte er mit dem Rad. Rund um das Blumenbeet herum rollerte er.
Dann hat er beim Rollern auch den anderen Fuß auf das

zweite Pedal gestellt. Das Rad wackelte ein bißchen, als er das tat. Aber dann fuhr es plötzlich mit ihm.
Christian stand auf den Pedalen, er trat, und das Rad fuhr einfach rund um das Beet.
Zuerst war Christian ein bißchen erschrocken. Doch gleich danach freute er sich.
Er lachte ganz laut und schrie auch „Juhuu", weil er jetzt radfahren konnte. Er fuhr um das Beet und zählte die Runden.
Als er es zwölfmal geschafft

hatte, da wollte er anhalten. Doch er wußte nicht, wie man das machte. So fuhr er die 13. Runde, die 14. Runde rund um das Beet, und bei der 15. Runde wußte er noch nicht, wie er das Rad anhalten sollte. Da rief er laut nach der Mutter. Die kam auf den Balkon und sah Christian radfahren.

„Fein", rief die Mutter, „fein, ich hole schnell Vater!"

Sie lief in das Zimmer zurück und sagte dem Vater, daß er sich doch ansehen sollte, wie Christian radfahren konnte. Dann kamen beide zurück.

Christian fuhr schon die 18. Runde im Garten. Er weinte jetzt, weil er mit dem Rad nicht anhalten konnte.

Jetzt schrie er: „Vater!"

„Ja", rief der Vater zurück, „ich sehe, mein Junge. Wir holen den Dieter!" Dieter war Christians Bruder, und der war schon groß.

Die Mutter lief zu Dieter ins Zimmer, und der Vater lief zu Dieter ins Zimmer.

„Komm auf den Balkon",

sagten beide, „sieh es dir an.
Der Christian kann radfahren".
Dann kamen die drei. Sie
guckten in den Garten.
Christian fuhr jetzt schon
die 20. Runde.
„Dieter", schrie er, „komm, hilf
mir! Ich kann doch nicht
anhalten!" Da rannte Dieter
gleich los. Vom Balkon durch
die Stube, über den Flur auf
die Treppe, die Treppe hin-
unter und schnell in den
Garten. Gleich hinter Dieter
rannte der Vater, und hinter
dem Vater rannte die Mutter.

Sie rannten ganz schnell in den Garten zu Christian. Dieter hielt das Fahrrad dann an. Er packte den Sattel und lief neben dem Rad. Dann hielt er es fest. Als Christian

abstieg, war er 25 Runden gefahren. Er weinte noch immer ein bißchen. Aber gar nicht mehr lange.
Morgen wollte Dieter ihm zeigen, wie man anhalten konnte.

Der Indieluftgucker

Ein Junge wußte nicht, was er tun sollte. Darum guckte er in die Luft, einfach so.
Er guckte hoch in die Luft, immerzu. Da kam ein anderer Junge. Der wollte wissen, was da oben wohl war, deshalb guckte er auch in die Luft.
Dann kamen zwei Mädchen.
Die waren neugierig. Sie wollten wissen, warum die Jungen hoch in die Luft guckten, und deshalb taten sie es dann auch.
Eine Frau, die einkaufen wollte,

blieb stehen. Sie wunderte sich über die Kinder. Was die wohl entdeckt hatten? Sie wollte es wissen und guckte auch in die Luft.
Dann kamen zwei Radfahrer. Die hielten an. Sie wunderten sich und guckten wie die Frau, die einkaufen wollte, und wie die Kinder hoch in die Luft. Dann hielt ein Lastwagen an. Der Lastwagenfahrer guckte aus seinem Fenster hoch in die Luft. „Da muß doch was los sein", dachte der Lastwagenfahrer. Hinter dem Lastwagen hielt ein

Omnibus an, weil er nicht vorbeifahren konnte. Und dann hielten die Autos, die hinter dem Omnibus fuhren, auch an. Bald war die ganze Straße verstopft. Da kam ein Polizist angebraust. Er fragte den Lastwagenfahrer, warum er denn in die Luft gucke, und der sagte: „Weil die Radfahrer, die Frau und die Kinder auch in die Luft gucken."
Als der Polizist die beiden Radfahrer fragte, sagten sie: „Weil die Frau und die Kinder auch in die Luft gucken."
Dann fragte der Polizist die

Frau, die einkaufen wollte, und sie sagte zu ihm: „Weil die Kinder auch in die Luft gucken."
Der Polizist fragte die beiden Mädchen, und sie sagten: „Weil die Jungen in die Luft gucken."
Nun fragte der Polizist den Jungen, der sich zu dem ersten gestellt hatte. Er sagte: „Weil der andere Junge auch in die Luft guckt."
Dann fragte der Polizist den Jungen, der zuerst in die Luft geguckt hatte, und der erste Luftgucker sagte: „Ich wußte nicht, was ich tun sollte."